말랑말랑한 그늘

45

말랑말랑한 그늘

박희정

현대시학 기획시인선

* 시인의 말

낯선 발길이 다정했다

물결은 오지 않았고
바람만 찬란했다

2025년 봄
박희정

차례

❋ 시인의 말

1부 그리움은 곡선이다

눈	13
동행	14
BTS정류장	16
순긋해변	17
그리움은 곡선이다	18
낙차는 제로다	20
얼멍덜멍한 가을	21
마로니에 은유	22
월정사 전나무 숲길에서	24
휴휴암, 물고기	26
설유화	27
만휴정	28
어떤 여유	29
포개다	30
홀로서기	32
작별	34

2부 기다린다는 것

모닝페이지	37
벽	38
어떤 알갱이	39
홍대 땡땡거리	40
이별을 지워야 해	41
미학을 잇는다	42
밀당	43
아득한 꽃길	44
바람 분다	45
내 편이 아프다	46
둥근 소리	48
라르고의 봄	49
풀어봐, 성벽처럼	50
일어서는 악수	52
쇠꽃전展	54
기다린다는 것	55
거짓말	56

3부 말랑말랑한 그늘

도장의 품격 59

달달한 맛 60

탱탱볼 61

서리 맞다 62

전용차선 63

대나무 64

어긋난 처방 66

위로가 필요한 시간 68

말랑말랑한 그늘 70

벗어난 화음 71

하모니 72

기다림 73

라넌큘러스 74

서른 해 그쯤에 와서 75

지워진 도로 76

디딤돌 혹은 걸림돌 77

두 쪽 78

4부 민머루 해변에서 쓰다

가뭇한 그날	81
마라도	82
돌담이 젖었다	83
하트해변	84
칠면초 군락지	85
비양도에게	86
신창풍차해안도로	87
둥근 파도	88
오롯한 풍경	90
민머루 해변에서 쓰다	91
눈치 없이	92
더불어 다육이	93
스며드는 저녁	94
일몰	95
노도	96

해설 카오스 속에서 피어나는 코스모스 | 염선옥

1부

그리움은 곡선이다

눈

기다림 없이 밤새 왔다, 약속 없이 또 왔다

와서는 스러진다, 오래전 설렘처럼

그 겨울 동백과 유채 사이, 심장을 잃어버렸다

미세한 실루엣과 농담으로 자꾸 쌓이는

켜켜이 묻어둔 얼굴 바람 타고 다가와서

경계를 다 덮고 나서야 잿빛이 사라졌다

사근사근 흩어지는 기억의 얇은 가루

할 말을 똘똘 뭉쳐 눈인사 건넸더니

발자국 깊은 어디로 미소처럼 네가 왔다

동행

시간의 결을 얹어 너와 나, 인연 맺었다

구도 없는 밑그림엔 설렘이 가득하고
말풍선 차곡차곡 모아
달빛처럼 굴렸다

풋풋한 표정을 오밀조밀 풀어놓자

날개 단 듯 모여드는 약속의 둥근 메아리
바깥은 오랜 서정으로
곡선을 넓게 그렸다

성근 이야기가 까만 씨앗 맺을 때까지

젊음의 시나리오는 이제 막 출발이다
대사는 너를 지나고

배경은 출렁거린다

BTS정류장

바다로 가는 버스는 아직 오지 않았다
모래가 둔덕 만들고 파도가 길을 부른
주문진 향호해변에 BTS정류장* 푸르다

도착시간, 출발시간은 애초부터 없었다
발길 닿는 대로, 성근 마음 이르는 대로
젊음의 스펙트럼이 물때처럼 촘촘한 곳

수수께끼 풀어놓듯 노래하며 신화 쓰듯
당당히 자신을 향해 쉼표 찍는 봄날 오후
후렴구 밀물에 닿자 바다정류장 만원이다

* 강릉시 주문진읍 향호해변에 있는 방탄소년단 〈봄날〉 앨범 촬영지

순긋해변

순긋…, 이름에 끌려 그 바다 홀로 갔다

뒤척이던 기억들 모래펄에 펼쳐두고

푸석한
사랑과 우정
파도에 철썩 띄웠다

그리움은 곡선이다

그리움의 출발은 멀리서부터 등이 휘었다

끝나지 않은 길처럼 보이지 않는 능선처럼

포말과 맞닿은 절벽이 허리를 드러냈다

해질녘 스며들다 터져버린 고백은

파도와 몽돌 사이 뜬눈으로 미끄러져

맨살의 잔솔가지를 붙안고 사라졌다

뒤척일 때마다 부서지는 묵언도

오래도록 굴리면 화음에 가닿을지

지난밤 더딘 숨결이 꽃인 듯 차올랐다

낙차는 제로다

떨어지는 물 폭이나 소용돌이 그 사이

폭포가 되고 싶냐, 웅덩이가 되고 싶냐

너와 나
낙차는 제로다
따지거나 재지 말 것

얼멍덜멍한 가을

밀물처럼 스멀스멀,

천둥처럼 요란스레

너를 향한 발걸음이 도미노처럼 스러져

끝끝내 녹슬고 고장 나며 온기를 다 잃었다

끝까지 함께하리라

착하게만 믿었던

자물통과 열쇠처럼 찰떡궁합 언저리는

저 홀로 변죽 울리다 부스럼 가득 차고

마주보며 건넨 생각이

빙수처럼 달달했던

이상기류 바람 앞에 삐걱대는 순간들

가을은 파삭한 덤불까지 얼멍덜멍 물들였다

마로니에 은유

버릴 게 더 많거나 얻을 게 미미하거나

너볏한 자태로 선 마로니에 느루 잡고

둥글게 다만 둥글게 쓴,
은유를 읽고 싶다

얼룩덜룩 부르튼 몸 가만히 덮어주고

겻불 같은 마음조각 켜켜이 보듬어 줄

내생來生의 등불 같은 나무,
너였으면 좋겠다

내남없이 스며든 공해, 통증 같은 병충해

아무 일 없는 듯 툴툴 털고 일어서도록

대학로 숭숭한 발자국

지그시 끌어안을,

월정사 전나무 숲길에서

익숙한 순서마저 그에 놓아버리고
숲이 되었다가 개울이 되었다가

꽤 오래 자박자박 걷는 당신,
숲이 참 좋나보다

운치는 휘어지고 정취는 덧쌓으며
다문다문 놓인 팻말, 청사진처럼 스며들어

한번쯤 안아보고 싶은
결이 촉촉한 길

정겹게 웃어보다 실하게 밟아보다
초록과 그루터기와 한 폭 서정이 되어

오로지 향기 맡는 당신,

끝내 숲을 쓰나보다

휴휴암, 물고기

물빛이 까맣도록 숭어 떼 놀고 있다
바닥이 빽빽하게 황어 떼 뛰고 있다
카르마, 들고나는 물길 옆
경이로운 풍경이다

발레하듯 유연하게 휘어지는 몸짓과
꼬물꼬물 뒤엉겨 소곤대는 고기들
날마다 으밀아밀한 바다
오늘도 열애 중이다

휴휴암, 쉰다는 것의 의미는 더 깊어져
설렘은 물결처럼 긴장은 바람처럼
참말로 무량의 순간
물고기와 피고 진다

설유화

가끔은 잊어버리고 또 다시 기억되거나

잔가지 끄트머리에 얇아진 그리움 있다

당신의 흔적들이 모여 은은하게 피는 날

자잘한 몽우리에 풀어놓은 마임mime과

곡선으로 휘갈겨 쓴 밀도 높은 안부까지

설유화 언저리마다 희비극이 저리 희다

만휴정

자연을 꿈꾸는 자, 만휴정* 가보시라

묵계리 자드락길 안고 물길 따라 올라가면

조붓한 외나무다리 표표히 맞으리라

함부로 들뜨지 말 것, 마음 결 풀어둘 것

속살로 들려오는 말풍선 짚어가며

물줄기 그 중간 쯤에 걸터앉아 보시라

쭈뼛대던 사립문도 두근대던 담장들도

동경처럼 그리던 정원, 누마루 무늬 위로

주름져 드맑은 표정

잠시 놓고 눈 감으시라

---

*조선 전기의 문신 김계행이 말년을 보내기위해 지은 정자로 안동시 길안면 묵계하리에 있으며 드라마「미스터 선샤인」촬영지로 유명해졌다.

어떤 여유

살면서 조금씩

작은 여유 갖고 싶다

몸과 마음, 생각과 고민 그 뿌연 사잇길로

천천히 나를 놓는다,

둥개둥개 달랜다

내가 곰삭을 동안

마음은 빠져나와

너를 읽고 그리며 먼 둘레 서성대다

계절의 가장자리 건너

휘파람 불고 싶다

포개다
─K시인에게

마음으로 낳은 딸이 있단다, 내게는

혈연으로 맺어진 딸이 가끔 하는 말

만나면 얼굴 표정이 다르다는 유쾌한 놀림

선약이거나 번개치거나 들뜬 만남 앞에

결이 통한다는 미더운 울타리 있어

언제나 서로를 향해 선순환의 연속이다

소소한 공통분모 가려내고 닦아주며

꽃이 피고 바람 불고 둔덕이 생길 때마다

그만한 눈길손길 포갠다, 찰랑댄 이어링처럼

홀로서기

상식을 풀어놓고 공식을 곱씹으며
마루에 걸터앉아 중량을 재고 있다

연록이 스쳐간 넓이
테두리가 젖어 있다

그래, 그런 날은 만남도 지울 거야
번잡하게 스며드는 말장난 접어두고

이야기 다시 풀어쓸
도화지를 잘라놓고

간헐적 단식이란 버거운 다짐이듯
스치는 얼굴들과 가면을 걷어내듯

또 한 번 가지치기 하자

둘레가 가벼워졌다

작별

나는 말라갔고 너는 흘러갔다
즐겨 입던 스웨터는 소매 끝이 닳았고
저 홀로 쌓여가는 날에
보풀이 잔뜩 일었다

만남도 헤어짐도 계산하지 못했다
술렁댔던 날들은 서서히 맥을 놓아
입술이 갈라지는 동안
침묵은 단단해졌다

에저기 저 뭇별은 은하수를 건널까
어디에도 없는 너, 마우스로 클릭하다
파일을 다 지우고서야
작별인 줄 알았다

2부

기다린다는 것

모닝페이지

나의 첫새벽은 오래된 목마름이다

씨실처럼 풀려나는 기억의 실마리가

뭉툭한 심지를 뚫고 느릿느릿 올라오듯

비밀스런 시간이 햇살을 만나기 전

여백의 숨소리는 백지로 걸어 나와

딱 한 줄 미지의 언어로 소곤대고 있었다

생각이 보이는 곳에 나는 줄곧 자라

끊어질 듯 이어지는 마법의 이정표 같은

스쳐갈 세상의 오늘, 그 첫 장 쓰고 있다

벽

세상의 벽이란 벽은 거침없이 부딪혀보자

과감히 허물거나 새록새록 덧칠하거나

민무늬 행간을 짚어 옹글게 쌓아가자

너와의 해지海志를 바라 뚜벅뚜벅 걸어가는

내일의 판타지는 도전이고 기대인 것

넘사벽*, 언저리마다 불끈 솟는 피돌기여!

* 매우 뛰어나서 아무리 노력해도 따라잡을 수 없거나 대적할 만한 상대가 없음을 이르는 말.

어떤 알갱이

발붙일 곳 없어요, 환영받지 못해요
때때로 떠다니며 당신들 위협해요
마스크
촘촘한 틈으로
빨려드는 알갱이

발끝에서 머리끝까지 갈가리 들쑤셔요
끈끈한 목숨마저 쉼 없이 쥐락펴락해요
망할 것,
지구촌 구석구석
낭설이 넘쳐나요

홍대 땡땡거리

인디밴드 1세대여, 통기타여 모여라

오늘을 앞지르고
내일을 표현해 봐

경의선 땡땡거리는 그들만의 은빛 쉼터

다문다문 놓인 젊음, 너이고 나인 것

세기의 로맨티스트,
와글대는 청춘이여

버스킹 너른 광장엔 희망 노래 춤춘다

이별을 지워야 해

이어폰 끼고 걷는다, 노래가 따라온다
키 낮은 나무 사이 그렁그렁한 눈빛들
사랑해,
속삭이던 그 말
가깝고도 멀었다

체온은 떨어지고 발걸음은 빨라졌어
바람은 사뿐 흩어져 표정을 잃어버렸어
한동안
부서진 리듬 모아
이별을 지워야 해

미학을 잇는다

연한 마음 굴리고 굴려

돌무지 자꾸 쌓는

모래와 잔돌 흩고 모아 돌탑을 또 그리는

그 사람, 인생철학 새길 낮은 형상 꿈꾼다

자음과 모음 만나

한 문장 이루듯이

자드락길 언저리마다 허튼 시간 쪼아가며

단문을 촘촘히 얹어 미학을 잇는 사람

무형의 옥석들이

유형의 탑이 되기까지

비문의 언어들이 한 줄 명언되기까지

저 홀로 석공이 된다, 눈빛마저 형형하다

밀당

눈의 때를 밀듯 마음의 때를 밀듯

밀어낸다는 것은 언젠가 수용하는 일

사람아,
곁이 텅 빈 사람아,
도돌이표로 돌아올 사람아

아득한 꽃길

어제가 섭섭했거나 오늘이 미미했거나

전혀 내색 않고 살아내신 엄마는

드맑은 단술의 사랑

내리내리 주셨습니다

가지 많은 자식나무, 보리 밟듯 다져주셨던

기도와 소망 봉지 앞앞이 싸주셨던

넘쳐서 더 팽팽한 사랑

슬슬하게 압니다

영혼이 들고나는 먼 나라 어디쯤에서

별들과 어우렁더우렁 소풍놀이 하시랴

아득한 무지갯빛 사랑

곰살갑게 엮습니다

바람 분다

품 언저리, 바람 분다

리듬은 어긋나고

위아래 또는 좌우로 중얼중얼 불어온다

가까이 스미는 것들

초록 향기 오롯하다

기울기와 쏠림 사이

작별과 기다림 사이

내 곁을 떠나는 것과 아직 남은 온기

또 다시 먼 바람 분다

당신도 다녀가실까

내 편이 아프다

두 딸과 뜬금없이
별거가 된 어느 날

모든 게 멈춰버렸다,
선 채로 앉은 채로

일주일, 침묵보다 까칠한
바이러스가 다녀갔다

아침을 잃었고,
저녁까지 지워졌다

차고 넘친 수다마저
맥없이 풀풀 떨다

내 편이 한 명씩 갇혀가고

남의 편만 밖이다

둥근 소리

생각의 실마리를 나푼나푼 풀고 있는

센티한 감정들이 안단테로 다가올 때

가을은 가장자리부터 멈칫멈칫 설렜다

때로는 먹먹해서 넋 놓거나 말 잊거나

홀에 울려 퍼지는 클라리넷 둥근 소리

촘촘히 내게로 와서 고요를 그려준다

라르고의 봄

음계와 음계 사이 벚꽃이 노래할 때
너는 연주하네, 하늘하늘 춤을 추네
봄날은 점점 익어가고, 빗소리는 낮아가고

오래도록 사모했던 베토벤, 브람스도
알레그로와 라르고 건너 네 곁을 스쳐지나
피아노 깊은 울림에 호흡이 슬몃 눕네

못갖춘마디, 그 음보는 긴장하듯 솔깃하듯
오케스트라 곡선 아래 묶음으로 스며들어
잠잠히 늦봄을 노래하네, 꽃비 되어 흐르네

풀어봐, 성벽처럼

심쿵한 당신 마음, 언제쯤 전해줄래
이리저리 궁리하다 때를 놓치면 어떡해

오래전 예감했던 대로
성벽 아래 풀어봐

왈가왈부 피장파장 소란한 낭설 속에서
두 귀 활짝 열고 문득, 노래 부르며

오늘도 또 누군가는
야사野史 한 편 엮을 테지

각이 지고 바람 슬고 모서리가 둥글기까지
갈등과 포옹의 벽 달근달근 풀기까지

더불어 발길 닿을 때면

긴 둘레가 유창했다

일어서는 악수

넘쳐서 아쉬운 것과 비어서 허전한 것이
익숙한 찻잔 위로 발 없이 건너온다

슬픔은 오래 삭혀두고
의자는 다 식은 채

쫀득했던 인연이 낱장으로 부서진다
꽃이 못된 잎들은 길 밖에 수런대고

조금씩 금이 간 소문,
한 뼘씩 또 자란다

매듭진 나를 풀어 너에게 닿는다면
햇살과 소슬바람 밑줄 가만 긋는다면

카페에 웅크린 몸짓,

악수하며 일어나겠다

쇠꽃전展*

축제로 거듭 나는 영일만 바닷가에
일천오백도 언저리에서 비로소 녹는 원소,
차갑고 단단한 쇠가 꽃이 된 걸 보았다

혼인 듯 마음인 듯 극점에서 엉기며
뜨거운 그 고요를 한순간에 삼키는
죽어서 다시 피는 꽃, 쇠꽃으로 피었다

한 편의 서정과 한 줄의 악보를 품은
쉼표로 오고가는 긍정의 물결무늬
더 이상 녹슬지 않는 꽃밭, 스틸은 만발했다

*포항에서 가을마다 열리는 스틸아트축제

기다린다는 것

아침밥이 자작하게 뜸이 들 때까지
창밖의 목련꽃은 눈을 뜨지 않았다
그런 날 시간마저도 구름에 가려버렸다

예고 없이 내린 비로 우산은 서툴렀고
비켜가는 약속으로 거리는 다 젖었다
끝내는 너에게 가지 못해 퉁퉁 불은 신발들

기다림은 천천히 안부를 잊어가는 것
빗물이 그늘 쪽으로 덧난 상처 덮어줄 때
무너진 짧은 웃음이 바람처럼 다가왔다

거짓말

아무리 궁리하고 뜯어봐도 와 닿지 않는 번지르르한 당신의 말

알다가도 모르다가 또 알 것만 같은 희미하고 어눌한 말

그 너머 심장이 펄떡펄떡, 오싹오싹할 것처럼 장황스레 퍼질러놓는 귓속말

3부

말랑말랑한 그늘

도장의 품격

기억은 사실을 잊고 막무가내 자랐다
썼다가 지우지 못한 이름의 빈 곳간에

어설픈 후회가 자라 공백이 길어졌다

희미한 문장 속에 거칠게 남아있는
각인과 날인 사이 밀물 같은 너의 흔적

어제의 돋을새김은 위험한 각이었을까

마지막 인증으로 불신은 사라졌다
서로에게 약속이란 붉은 노을 같은 것

페이지 넘길 때마다 품격이 올돌했다

달달한 맛

은밀히 달라붙을 게요

미세한 어록 찾아

먹을 게 많은 당신과 굶주린 나의 헛배

잔머리 굴리고 굴려 당신을 찍었어요

덥석 물어줘요

유혹의 부푼 허기를

밤마다 키운 꼼수는 눈치코치 없어요

'기생충', 달달한 입맛으로 샤방샤방 날아요

거친 욕 하지 말아요

당신 피 맛있네요

숨소리 어둔 길을 거머리처럼 들러붙어

보란 듯 우리 한탕해요, 눈감아줄 수 있지요?

탱탱볼

왁자지껄한 이슈도

느물느물한 풍문도

허튼수작 부리지 말고

예저기 기웃대지 말고

탱탱탱

공글러 날리자, 얽히고설킨 저 광장에

서리 맞다

서리 맞고 부서질 일 도처에 흥건하다

붉다 말고 와사삭 고꾸라진 고추밭이며

새도록 준비한 시험,
빗줄기 내리는 날

익을수록 고개 숙이는 나락이 아니어도

든 사람과 난 사람 그 틈에서 좌불안석인

무서리 된통 맞을 일
세상이 수상하다

전용차선

실선과 점선 위로 도로는 빈틈없다

경계는 분명하고 속도는 출렁대고

발칙한 당신 눈빛이
호시탐탐 곁눈질하는

시간을 앞다투며 전용차선 힐끔대며

제도와 제도 밖은 내남없이 치열했다

길 위의 추월과 동행,
액셀은 질주한다

대나무

야멸치게 솟구쳐 자란 위풍을 살펴보라
덜퍽진 겹겹세월 늘어놓고 접어두고

휴지(休止)의 하얀 시간을
휘몰아치는 나무

너를 안고 다시 꾸는 꿈이란, 곡진할까
깊은 속살 마디마다 내공의 가락 들앉혀

빈속을 까발려 봐도
올돌한 결 빼곡하다

원거리 지근거리 고도를 에두르며
한 뿌리로 이어져 든든한 배경이 되는

다부진 어록의 말씀,

꼿꼿하게 끌어안을

어긋난 처방

일상이 어긋나고 기분마저 놓쳤다

가벼운 감기였건만 골 깊은 환자처럼

두툼한 약봉지 들고
털레털레 돌아왔다

끼니마다 챙길 약이 예닐곱씩 빼곡하고

절망 또는 희망 같은 불안한 숨소리에

억지로 삼켜야 할 것들
동그마니 나앉았다

감기를 볼모삼아 덤터기 씌우는 건지

환자를 걱정하는 적절한 처방인지

뒤엉켜 더 까칠한 생각

어슬어슬 겉돈다

위로가 필요한 시간

민무늬 손수건 같은

기다림은 빗금이다

노을공원과 한강 사이 붉은 점 하나 찍듯

툭 끊긴 마음자리가 부록처럼 젖고 있다

나의 입구이자

출구가 될 당신이라면

어디서나 등대이고 나침반이면 좋겠다

더 오래 기억될 문장, 말을 줄인 단문이거나

어느 오후 끝자락

시들어가는 안부 앞에

단맛 같은 이야기 전해줄 사람 있어

손과 손, 어깨와 어깨 그쯤이면 좋겠다

말랑말랑한 그늘

한여름 볕살들이 드러누운 대서大暑 무렵

내 오랜 그리움이 말랑말랑 겹쳐와

서운암 낮은 길목에 사뿐 내려앉는다

눈길 머문 야생화와 고분한 물길 사이

바람처럼 맴도는 기억, 숨바꼭질 또 하려는지

까무룩, 그림자 길어지고 너는 멀어지고

쟁쟁한 잔돌들과 종요로운 풍경들과

오랜 향기 꼭꼭 채운 장독대 언저리마다

우련히 깃드는 그늘, 너는 술래가 된다

벗어난 화음

오래된 모퉁이는 갓길마저 잃었다
재개발 이슈 아래 냉정해진 이웃들

북아현
조롱목에는
온도 차가 심하다

의식의 골목 뒤로 소문만 넘쳐나고
실존과 허구 사이 눈치만 쌓여가고

엇박자
웃음과 한숨
술빵처럼 숭숭하다

하모니

−L시인에게

풋풋한 지휘봉은 흐르는 듯 매끄러웠다

현악기와 관악기 사이
끌림과 긴장 사이

마음결 옹골차게 짚어내는 하모니, 살아난다

한때는 찬연하고 마수없이 간절했을

오래된 불협화음도
죄다 고요를 닮아

드맑게 맺고 푸는 동안 스며드는 네가 있다

기다림

날개 달던 하늘 길은 이정표 다 지웠다

오래전 웃음소리는 아득한 메아리 되고

겹겹이 꿍쳐둔 안부, 너덜너덜 찢어졌다

당최 오지 않는 너, 잊은 후 더 그립다

실시간 짚어내는 불시착 이슈 뒤로

생각의 여린 꼬투리, 형체 없이 스러졌다

라넌큘러스

고백의 순간에도,

빛나는 부케에도

빼곡한 꽃잎마다 순애보 가득 채워

은물결

소담히 건너

그대에게 닿는 꽃

서른 해 그쯤에 와서

다섯 식구 둘러앉아 마음퍼즐 맞춘다

부부끼리 남매끼리 모자지간 부녀지간

고화질 줌렌즈 너머로

출렁대는 웃음바이러스

결혼이란 끈나풀로 비걱비걱 살아낸

턱없이 줄다리기하며 애오라지 바라보다

서른 해 그쯤에 와서

벅차서 울컥했다

숏shot과 신scene 사이 선택은 탁월했다

이름을 달아주며 의미를 부여하며

앨범에 고스란히 담을

이 순간이 겹고 겹다

지워진 도로

닿아서 좋은 것과 닿을수록 힘든 것이

실선을 넘나들어 느닷없이 끼어들 때

도심은 난장의 현장,
표정이 지워졌다

아찔한 접촉 후에 소통이 사라지고

원치 않던 도로가 거꾸로 솟아날 때

길 위에 쏟아진 차들은
핸들을 또 놓쳤다

디딤돌 혹은 걸림돌

애초부터 개의치 않고 쏠리지 않을 거야

기대 찬 날들 위로 헐렁한 바람 불어

디딤돌 혹은 걸림돌
밟거나 밟히거나

두 쪽

떨어져 있을 땐 무의미하다가 두 쪽이 만나고서야 완전해졌다 마늘이 그렇고 콩이 그렇고 너와 내가 그렇다

두 쪽이 감쪽같이 하나 될 때, 지각변동은 시작이다

4부

민머루 해변에서 쓰다

가뭇한 그날

갈라진 나를 이끌고 우전해변 찾아왔다
바람처럼 파도처럼 쓸려 다닌 표정들
빈 바다 스케치하듯 배경에 놓고 싶다
해가 뜨고 질 때마다 두근거렸던 심장과
만상이 사월 때마다 또렷해지는 이름 하나
오랜 날 쌓아둔 문장, 달랑게처럼 나올까
바람의 어깨 위로 너는 자꾸 떠오르고
잔뼈 같은 약속은 무뎌지고 또 곰삭아
밀물로 수런대던 그날, 수평선이 가뭇하다

마라도

그대여,

오지마라, 가지마라, 하지마라

그런 말 그만해라

온통 절벽인 마라도,

최남단,

눈에 담는 내내

뼈와 살이 움찔했다

돌담이 젖었다

지난밤 소문 없던 비에

돌담이 흠뻑 젖었다

그 틈에 핀 다육이도

속속들이 다 젖었다

쿨쿨 잔 나만 몰랐다

돌담에게 미안했다

하트해변

비금도 하누님해변에서 당신을 거듭 읽는다

하늘과 바다 오롯이 담아 하트 그리는 여자,

사람아, 밀물처럼 스며드는 단꿈 같은 사랑아!

아득한 하늬바람 언저리에 묻어올까

고기잡이 투망에 빛줄기로 실려올까

사랑아, 파도처럼 들끓는 환청 같은 사람아!

칠면초 군락지

칠면초 줄기 틈새 갯벌이 피고진다
봄부터 가을까지 일곱 번 빛이 바뀌는
참 귀한 너를 만나러 강화 석포리에 갔다
꼼지락, 숨구멍엔 들썽들썽 물꼬 트고
깃동 같은 한해살이 게들과 공생하며
바람길 끄트머리로 가랑비 불러들인다
채도가 낮아 더 은은한, 물결 같은 진펄
가을은 익어가고 당신은 스며들고
더 붉어 두근대는 풍경, 놓고 가기 아깝다

비양도에게

너를 참 가까이 볼 수 있어 좋다

독차지하듯 오래도록

함께여서 더 좋다

내게로 점점 안겨와 출렁출렁할 것 같은

그래, 가을 곁에서 나를 꼭 안아줘

바람과 태풍 무렵

일출과 일몰 건너

입말은 발밤발밤 깊고 안부는 은은했어

협재바다 들고나는 풋풋한 걸음 앞에

그리운 눈높이로

섬섬히 지켜주며

조금씩 읽어내는 말씨, 구덥게 스미겠지

신창풍차해안도로

채 물들지 못하고

그냥저냥 와봤다

마음이 뱅글거려 불현듯 또 와봤다

바람에 휩쓸리는 것이

유독, 눈에 밟힌다

너는 하늘 향하고

나는 땅 가까이

구름은 들썩대고 풍차는 춤을 추고

왕바람 일었다 잘 때마다

일몰 한 컷 놓았다

둥근 파도

제발 부서지지 마라, 결이 다른 물보라여

바람 많은 섭지코지 그 어디쯤 홀로 서서

깊숙이 꿍쳐두었던
너를 꺼내본다

애오라지 일어서다 점점이 멀어져간

모난 것들 죄다 쓸고 무던히 굴러가는

그 여름 둥근 파도가
와락 안겨왔다

들풀과 돌담 사이 혹은 절벽에서

기꺼이 달라붙어 하루사랑 또 하자던

그 여자, 뒤끝도 없이

눈물 찔끔 보였다

오롯한 풍경

협재 바닷가 근처 수선화식당 오롯하다
외벽은 포말처럼 실내는 수선화처럼
무심한 당신의 마음,
사부자기 이끄는 곳

몇몇 개 테이블과 단출한 메뉴 보며
깨알 같은 서평 따라 꽁냥꽁냥 줄 서며
잔물져 두근대는 풍경,
품에 안는 사람들

곁으로 돌아오라는 은은한 꽃말 안고
당신을 들앉히고 보말파스타 먹는 사이
저물녘 서글서글한 바다,
노을처럼 익고 있다

민머루 해변에서 쓰다

꼬물대던 생물들이 놀다간 민머루 해변
해 지면 밀물보다 먼저 붉어지는
파스텔, 그 무던함이
붙박이로 서게 한다

해루질 즐겨하다 등대로 선 당신과
상현달 기억 속에 겹쳐오는 착한 파도
빛내림 자분자분 안으며
물거품 일기 쏟다

때론 하얗게, 그리곤 새까맣게
눈으로 받아 읽다 마음으로 새기다
갯벌의 찰진 흔적을
자동사로 풀고 있다

눈치 없이

눈치 없는 사람 다 모여 눈치게임 해봐요

시선, 피하지 말고
표정, 바꾸지 말고

골똘히 곁눈 읽으며 나만의 숫자 불러요

쉽게 읽히거나 뜬금없이 멀어지거나

가슴에 맺힌 응어리
켜켜이 짚어내며

더없이 그리워지는 날 눈치코치 다 놓아요

더불어 다육이

담벼락과 골목 어귀 올망졸망 돌을새김들

손잡아 이끄는 곳
동화 속 마당 같은,

눈길을 사방에 두고 보말조배기 먹었다

엉긴 속 다 풀어줄 진한 국물 같은

쇠소깍 올레길은
둘레둘레 물소리였다

무심히 마음 놓아도 좋을 보목포구 언저리

스며드는 저녁

초록이 스며든 저녁

흙길 찾아 걸었다

입은 꼭 다물고 두 귀는 열어둔 채

사방에 웅성대는 느낌, 차분히 매만졌다

저녁이란 답답했던 나를

내려놓는 시간

어둠 속 줌렌즈는 물빛불빛 감아올려

조금씩 사라지는 배경, 여울처럼 풀었다

일몰

기울수록 뜨거워졌다, 저 붉은 동그라미
낮 동안 또 한 사람 다부지게 데워놓고
기어이 수평선 안고 자진하듯 넘어갔다
내게서 지는 것은 태양만이 아니리라
넣어둔 옷가지처럼 묻어둔 이름처럼
또 다른 미쁜 테마로 너는 자꾸 부푼다
아침이 올 때까지 의식은 한 뼘 자라
그리움의 시공간을 공그르고 매듭지며
저무는 나를 꺼내서 청춘이라 불렀다

노도

섬이라 외로울까
더없이 자유로울까

물때에 보이는 것과
땅거미에 안기는 풍경

노도는
멀어서 더 삼삼한
바람길 그 이후다

해설

카오스 속에서 피어나는 코스모스

염선옥 (문학평론가)

1. 창조가 일어나는 '찰나'의 좌표

 사회학자들은 현대사회의 특성을 '벽'과 '속도' 그리고 '빛'으로 요약한다. 현대인이란 콘크리트와 아스팔트의 숲속에서 폭력적 속도가 횡행하는 명암 없는 사회를 거니는 존재라는 뜻이다. 동시에 우리 삶의 터란 교집합과 공통분모를 상실하여 더 이상 교감할 수 없는 장소임을 의미하기도 한다. 박희징은 "세상의 벽이란 벽은 가침없이 부딪"(「벽」)고 "시간을 앞다투며" "출렁대"(「전용차선」)는 사람들의 속도를 안타깝게 바라본다. 그리고 시조의 문양처럼 너른 세계에서 자연의 속도로 호흡하며 빛의 명암을 쥐고 느리게 걷는다. 말의 의미를 헤아리듯이 둥글게(「마로니에 은유」, 「풀어봐, 성벽처럼」) 사유를 말아 굴려가며 하나의 큰 곡선(「동행」, 「그리움은 곡선이다」, 「설유화」)을 완성해 간다. 그것은 마치 눈을 뭉쳐(「눈」) 굴리며 '눈사람(하나의 세계)'을 완성하는 어린아이와 같고 천체를 굴리는 신의 손길과도 닮아 있다.

박희정은 등단 이후 20여 년간 일관된 미학적·철학적 사유 과정을 통해 '시조'의 현대성과 지속가능성을 일관되게 보여준 시인이다. 그는 즉각적으로 소비되는 일회적 인스턴트 삶의 방식, 그리고 현대시의 경향에 강한 우려를 표명하면서 이에 대한 강력한 처방으로 '시조'를 백신 삼아 그것의 내적 가치와 미적 형식을 토대로 삶과 예술을 결속하는 항심(恒心)을 잃지 않는 시인이다. 그 속에서 시인은 공간이라는 외적 지평과 시간이라는 내적 지평의 좌표가 지시하는 '지금'과 '찰나'를 기록하는 사관(史官/事官/私官)을 자처한다. 물론 그 시간은 객관적인 물리적 시간이 아니라 고유한 몸과 사유가 맞닥뜨리는 찰나의 시간이다.

고대 그리스인들에게 시간이란 과거·현재·미래로 이어지는 물리적 속성의 크로노스, 의미와 이미지를 수렴한 아이온, 하나의 공간 좌표에 일치하는 카이로스 등의 개념이 공존했다. 철학자들의 시간은 또 어떠한가? 아우구스티누스는 『고백록』에서 천체의 변화 과정을 통해 인간의 시간이 신이 말하는 영적 시간에 맞닿아 있다고 주장했고, 아리스토

텔레스는 『자연학』에서 "시간은 그전의 것과 나중 것의 관점에서 본 운동의 수"라고 말하였다. 베르그송은 시간이란 "지속의 내면적 느낌"이라고 설명한 바 있다. 그 외에도 칸트, 메를로-퐁티, 데리다, 하이데거, 후설 등 무수히 많은 철학자와 사상가들이 시간의 본질과 실체에 물음을 제기했다. 그만큼 시간은 여전히 '괄호' 속에 놓인 실체인 셈이다. 하지만 분명한 것은 그들이 언급하는 시간이 생활 세계의 시간이 아니라 의식과 감각과 경험의 시간이며 삶의 내용이 결여되지 않은 질적 계기의 시간이면서 내적 사유와 몸이 만나는 '꼭짓점'이라는 것이다.

"언제나 시선은 진행형"(「시인의 말」, 『들꽃 사전』)이라는 박희정의 언명은 자신의 시가 '찰나'와 '지금'의 구성체임을 암시한다. 그는 서사적인 계기나 시간적 경과보다 순간의 풍경과 사유를 포착하고 표현하는 데 공을 들이는 것이다. 이것은 일회적 '순간'이 아니라 오히려 "그것은 이른바 '충만한 현재형'으로서의 순간"(유성호, 『서정의 건축술』, 창비, 2019, 48쪽)이라고 할 수 있다. 시인은 신체를 통과한 무수한 '지금'을 지성의 작용으로 붙잡는다. 낯선 존재가 주는 근원적 인상에서부터 벗이 되거나 이별하는 일련의 과정을 켜켜이 쌓아 하나의 지평(Retention)을 이루어간다. '지금'이라는 특정 모티프가 여러 작품에 쓰일 때 그것은 개별 맥락에서 발화되고 파악되는 수행적 의미들의 하위 범주가 아니라 오히려 구심점이 되어준다. 박희정은 '찰나'에 '너'를 포착하여 관계를 온축하며 카이로스의 시간을 구성한다. 이때 '너'는 '나'와 "낙차가 제로"(「낙차는 제로다」)인 존재로서 "나의 입구이자/ 출구"이고 "어디서나 등대이고 나침반"(「위로가 필요한 시간」)이기 때문이다. 보름스는 관계란 주체성을 창조하는 사람들이 서로 돌보는 행위이며, 이는 도덕적이면서 사회적이고 자연적이면서 정치적인 일(주디스 버틀러·프레데리크 보름스, 조현준 역,『살 만한 삶과 살 만하지 않은 삶』, 문학과지성사, 2024, 17쪽)이라고 주장했다. 박희정의 사물과 타자를 향한 그리움은 이러한 의미의 관계를 구성해간 시조집 전체의 프롤로그이자 에필로그라고 할 수 있을 것이다.

흔히 시란 '찰나'의 재현이거나 지나간 시간에 대한 '순간' 포착으로 명명된다. 반면 박희정이 포착하는 '찰나'의 기록은 베르그송이 언급한 "지속의 내면적 느낌"에 근접해간다. 개별적 경험의 연속이면서 동시에 현재진행형이기 때문이다. 시인은 소박한 삶의 갈피들을 배경으로 삼는 '진행형'으로 자신의 시간을 채워간다. 소소하고 일상적인 것은 생산

적인 것으로부터 거리가 멀기 때문에 논의할 필요가 없다는 주장은 초점을 삶의 외양에만 치중한 결과일 것이다. 이때 도널드 위니콧의 주장처럼 우리가 사는 곳이 삶에서 일상적 창조가 일어나는 장소이고 아무리 작고 소소한 일이더라도 우리의 주체성이 세계를 변화시킬 수 있는 근본 영역이라는 점을 상기할 필요가 있다. 이번 시조집에서는 현대인의 삶에서 실종된 관계를 회복하라는 메시지가 돌올하게 다가온다. 우리는 가족과 이웃, 벗과 자연을 되찾아주는 그의 시편을 통해 삶이 풍요로워지면서 동시에 불변의 가치와 의미를 띠고 있음을 깨닫게 된다. 우리는 시인의 손을 떠난 미적 구조물 위에 독자가 손을 얹으며 그 경험 세계를 공유할 때 시가 완성되는 것임을 박희정을 통해 다시 한번 깨닫게 된다.

2. 실존의 흔적, 결

 의미 부여의 주체인 인간은 예술과 문화에 자신이 향유한 삶의 물질성을 각인한다. 사람의 마음은 형체가 없지만 이러한 각인을 통해 그 마음을 파악하고 근원을 감지할 수 있다. 박희정 시조집 『말랑말랑한 그늘』은 '너'로 인해 "한 폭 서정이 되어"(「월정사 전나무 숲길에서」) 완성되어 가는 사유의 결과물이다. "살면서 조금씩/ 작은 여유"를 가지며 "너를 읽고 그리"(「어떤 여유」)고 싶다는 시인의 말랑말랑한 고백은 시인의 동행이 당연한 풍경일 수밖에 없음을 일러주기에 충분하다.

시간의 결을 얹어 너와 나, 인연 맺었다

구도 없는 밑그림엔 설렘이 가득하고
말풍선 차곡차곡 모아
달빛처럼 굴렸다

풋풋한 표정을 오밀조밀 풀어놓자

날개 단 듯 모여드는 약속의 둥근 메아리
바깥은 오랜 서정으로
곡선을 넓게 그렸다

성근 이야기가 까만 씨앗 맺을 때까지

젊음의 시나리오는 이제 막 출발이다
대사는 너를 지나고
배경은 출렁거린다

―「동행」 전문

실험의 시대라고 해도 좋을 20세기를 지나면서 시 역시 언어 실험이 될 수 있는 모티프를 중심으로 시적 담론이 새롭게 형성되었다. 불통의 시대처럼 문학 역시 일정 부분 자폐증을 앓는 상황이 되어버린 것이다. 중얼거림에 가까운 독백들이 유령처럼 떠돌아다니는 문학 현실에서 박희정은 말하고자 하는 바를 적확하게 수용자에게 전달하려 한다. 그것은 유려한 전문 지식과 거시적 담론의 나열이 아닌 소박하고 익숙한 이미지 코드와 시어이며 심연에서 퍼 올리는 깨달음으로 변주되어 독자의 심금에 도달하려는 방식을 취한 결과일 것이다.

위 시편의 화자는 흠결 없이 흐르는 무의미 시간에 '결'을 얹는다. 그것은 '무른 결'일 수도 있고, 굳고 딱딱한 '켜'를 지으면서 형성된 '거친 결'일 수도 있다. 그러나 분명한 것은 매듭이자 옹이가 된 그 '결'이 서로 통하는 "미더운 울타리"(「포개다 −K시인에게」)가 된다는 점이다. 오랜 시간 속에서 완성되는 관계의 '결'을 위해 시인은 관계에서 빚어질 수 있는 어둠과 절망을 마다하지 않으며 오래된 불협화음도 "하모니"(「하모니 −L시인에게」)로 읽어낼 줄 안다. 그리하여 관계에서 주어질 수 있는 이별, 그리움과 슬픔, 기다림(「위로가 필요한 시간」)마저 얼싸안는다.

  그리고 시인은 '너(타자)'와 '동행'하는 존재로 나아간다. 시간에 "결을 얹어" 찰나를 읽어내는 화자는 무수한 '너'와의 만남에 어떠한 구도도 예단하지 않는다. '너'의 흐름에 '나'를 얹고 '나'의 흐름에 반응하고 움직이는 '너'를 하모니로 받아들인다. 이는 관계의 수원(水源)에서 낯설고 예상치 못한 감정마저 언어와 사유로 가두지 않고 수용하겠다는 구도자의 자세로 다가온다. 화자는 "까만 씨앗 맺을 때까지" 성근 시간과 관계가 여물기를 기다린다. 나아가 "구도 없는 밑그림"에 설레고 주고받는 "말풍선"을 "차곡차곡 모아/ 달빛처럼 굴"려 '너'와의 세계를 완성해간다. '너'에게 가닿는 '나'의 "풋풋한 표정을 오밀조밀 풀어놓자// 날개 단 듯 모여드는 약속의 둥근 메아리"가 비로소 울려 퍼진다. 그렇게 '너'와 '나'의 바깥은 "서정으로/ 곡선"이 되어간다.

3. 부재의 자리에 고인 존재의 눅진한 향

  박희정이 견지한 '관계의 힘'은 존재라는 이름으로 '우리'를 묶지 않는다. 그에게 관계란 동행하지만 하나가 되는 것은 아니다. 오히려 '너'와 '나'를 독립적인 항으로 전제하고

둘 사이에 발생하는 유비와 차이를 인정하며 그 속에서 탄생하는 '날 것'의 감정을 하나의 사건으로 환대하는 일이다. 「말랑말랑한 그늘」은 포갬과 가름의 순간이 쌓여 진정한 관계가 형성되는 흔적의 현장으로, 우리는 이 작품을 통해 시인이 고스란히 전달하려는 정서의 정수(精髓)에 가닿는다.

> 한여름 볕살들이 드러누운 대서大暑 무렵
>
> 내 오랜 그리움이 말랑말랑 겹쳐와
>
> 서운암 낮은 길목에 사뿐 내려앉는다
>
> 눈길 머문 야생화와 고분한 물길 사이
>
> 바람처럼 맴도는 기억, 숨바꼭질 또 하려는지
>
> 까무룩, 그림자 길어지고 너는 멀어지고
>
> 쟁쟁한 잔돌들과 종요로운 풍경들과
>
> 오랜 향기 꼭꼭 채운 장독대 언저리마다
>
> 우련히 깃드는 그늘, 너는 술래가 된다

―「말랑말랑한 그늘」 전문

 그동안 박희정의 시적 특질은 "서경을 통한 서정의 출렁"
(박희정, 「시조의 들머리, 그 너머를 향해」, 『마냥 붉다』)에
기대왔다. 사물을 바라보면서 타자와의 관계를 직조해가는
방식이 참으로 침중하다. 동심의 세계, 순수의 전조를 연상
케 하면서 구도자의 사유가 맞닿는 시편 중 하나를 꼽으라
면 바로 「말랑말랑한 그늘」일 것이다. "볕살들이 드러누운"
지점에 "내 오랜 그리움"을 겹치자, 그것은 바로 "서운암 낮
은 길목에 사뿐 내려앉는"다. 그곳에서 우리는 야생화를 보
고 "고분한 물길 사이"도 함께 거닌다. '너'는 "숨바꼭질"하는
어린아이처럼 '술래'가 되고 '나'는 멀어져간다. 그러나 우리
는 "종요로운 풍경들과// 오랜 향기"를 "장독대 언저리마다"
꼭꼭 채웠기에 '너'와 '나'의 이별은 서늘한 그늘이 아니라 우
련히 깃드는 "말랑말랑한 그늘"이 된다. 이제 '너'의 부재는
존재의 가치를 더욱 선명하게 한다. 부재의 자리에 눅진하
게 존재의 향이 고여 있기 때문이다.

 명암이 뚜렷하게 갈라지지 않는 곳에서 '빛'은 기쁨과 환
희가 될 수 없다. 부재의 자리에서 존재가 소중해지고 어둠
을 통해 빛이 가치를 발하기 때문이다. 우리는 대립과 구별

(dédoublement, 둘로 가름)을 통해 '감사'와 '환희'에 도달한다. 안티테제를 통한 변증법적 사유 방식으로 혼돈 속에서 질서를, 심연이라는 부재의 장소에서 '있음'을 발견하는 것이다. 시조집 『말랑말랑한 그늘』은 온화한 화법과 시어, 따스한 시선과 그리움 등으로 요소의 세계를 바라보는 듯하지만, 이는 기실 어둠과 절망, 녹록하지 않은 현실과 시대 의식을 변증법적 사유로 검토한 뒤 퍼 올린 청수(淸水)이며 골수(骨髓)이다.

4. 무용(無用)한 무용(舞踊)에서 진정한 쉼(休)으로

수첩을 들고 주문진 향호해변(「BTS정류장」)이나 순긋(「순긋해변」)해변, 영일만 바닷가(「쇠꽃전展」), 우전해변(「가뭇한 그날」), 양양 휴휴암(「휴휴암, 물고기」), 안동 만휴정(「만휴정」), 마라도(「마라도」), 비금도 하누넘해변(「하트해변」), 강화 석포리(「칠면초 군락지」), 협재바다(「비양도에게」), 노도(「노도」) 등에 다녀오는 일은 이 가파른 속도와 성과의 시대에 원초적 풍경을 가슴에 넣고 내면에 자연을 깊이 새기는 일이었을 것이다. 하지만 이토록 자신의 기원으로 가닿으려는 자기 탐색적 태도는 결코 쉬운 일이 아니다.

시인은 입체파, 미래파, 초현실주의 등 아방가르드적 세계를 역류(逆流)하여 자기 정신의 원천을 '자연'으로 삼고 자연과의 관계에서 얻어지는 깨달음으로 존재와의 관계를 모색해간다. "유연하게 휘어지는 몸짓"(「휴휴암, 물고기」)에서부터 "각이 지고 바람 슬고 모서리가 둥글기까지"(「풀어봐, 성벽처럼」) 존재의 유연함과 곡선이 저절로 이루어진 결과물이 아니라는 심원한 성찰에 도달한다. 비·바람·눈·볕·서리 등과 관계한 사물이 둥글어지는 과정을 면면히 목격한 시인의 세밀함을 통해 우리는 그의 시가 대오(大悟)에 이르렀음을 알게 된다.

> 물빛이 까맣도록 숭어 떼 놀고 있다
> 바다이 빽빽하게 황어 떼 뛰고 있다
> 카르마, 들고나는 물길 옆
> 경이로운 풍경이다
>
> 발레하듯 유연하게 휘어지는 몸짓과
> 꼬물꼬물 뒤엉겨 소곤대는 고기들
> 날마다 으밀아밀한 바다
> 오늘도 열애 중이다
>
> 휴휴암, 쉰다는 것의 의미는 더 깊어져

설렘은 물결처럼 긴장은 바람처럼
참말로 무량의 순간
물고기와 피고진다

―「휴휴암, 물고기」 전문

시인이 찾은 자연 공간에는 '바다'가 주종을 이룬다. '물'은 우주의 고향이며 모든 이미지가 부재한 장소이다. 하늘과 바다는 텅 비어 있으나 그곳에서 모든 운동은 생생하고 원만하게 리듬을 거닐고 있다. 시인은 고요히 호흡을 일치시키면서 "경이로운 풍경"에 몰입함으로써 현실이 추구하는 인스턴트 가치를 하나씩 지워간다. '나'는 자신을 쉬게 하는 것이 "발레하듯 유연하게 휘어지는 몸짓과/꼬물꼬물 뒤엉켜 소곤대는 고기들"임을 깨닫게 된다. 고요한 우주의 생명력과 리듬 앞에 숙연해진 시인은 "휴휴암"에서 "쉰다는 것의 의미"를 되새긴다. 물결 같은 설렘은 "참말로 무량한 순간"이 아닐 수 없게 된다. 그렇게 시인은 종종 삼면이 바다인 지면(地面)의 끝자락까지 나아가 수면의 언저리이자 지면의 경계에서 현실과 상상의 영역을 오간다. 현대의 삶이 '나'를 분열시킬 때마다 "갈라진 나를 이끌고"(「가뭇한 그날」) 찾아 위로받는 곳이 바로 자연이기 때문이다. 시인은 그곳에서 "흔들리는 대로 출렁이는 대로… 머물"다가 "메마른 것

들에 대한 반전을 꿈"(「시인의 말」,『길은 다시 반전이다』)꾼
다. 화자는 자연을 대상으로 향유했던 그간의 경계를 허물
고 모든 선험적 정의를 폐기하며 마침내 자연과 결속하여
물고기와 함께 피고 진다.

5. 유리되지 않는 서정의 현실 감각

박희정의 시조집은 존재를 존재답게 하는 타자와의 관계
에 관한 사유를 돌올하게 새겨 넣으면서 현대인의 소외와
묵시록적 분위기, 사회 문제를 시편 안에 들여놓음으로써
서정의 권역을 한껏 확장해가고 있다. 형식적 제약과 언어
의 상투화 그리고 자연과 벗 삼는 시조의 특징으로 현실적
응전력이 떨어진다는 비판에 맞서 당당히 시조의 깊이와 넓
이를 넓혀가는 것이라고 할 수 있을 것이다. 그리고 현실의
고단함을 핍진하고 날카롭게 써나가기보다는 우회적 알레
고리 방식으로 접근하는 특성을 보이고 있기도 하다. 다음
시편을 읽어보자.

> 은밀히 달라붙을 게요
> 미세한 어록 찾아
> 먹을 게 많은 당신과 굶주린 나의 헛배

잔머리 굴리고 굴려 당신을 찍었어요

　　덥석 물어줘요
　　유혹의 부푼 허기를
　　밤마다 키운 꼼수는 눈치코치 없어요
　　'기생충', 달달한 입맛으로 샤방샤방 날아요

　　거친 욕 하지 말아요
　　당신 피 맛있네요
　　숨소리 어둔 길을 거머리처럼 들러붙어
　　보란 듯 우리 한탕해요, 눈감아줄 수 있지요?
　　　　　　　　　　　　　　　　　ㅡ「달달한 맛」전문

「달달한 맛」은 피를 빨아먹는 모기의 이미지에서 사회의 암적 존재와도 같은 위정자의 횡포와 부정부패 사범을 연상시키고 있다. 완곡하게 표현된 시어로 인해 이들의 패역무도하고 암흑과도 같은 영혼의 구체성은 드러나지 않으나 비판정신은 충실하게 살아 있다. "거친 욕 하지" 않으면서 '기생충' 같은 암적 존재자들을 표현하려는 태도는 시인의 성품 자체와도 연관이 있고, 시조의 고아한 역사와도 관계한다고 볼 수 있을 것이다. 준절한 품격을 유지하면서도 소극(笑劇)을 연상시키는 시인만의 현실 감각은 정치적이자 미학적이기까지 하다.

> 오래된 모퉁이는 갓길마저 잃었다
> 재개발 이슈 아래 냉정해진 이웃들
>
> 북아현
> 조롱목에는
> 온도 차가 심하다
>
> 의식의 골목 뒤로 소문만 넘쳐나고
> 실존과 허구 사이 눈치만 쌓여가고
>
> 엇박자
> 웃음과 한숨
> 술빵처럼 숭숭하다
>
> —「벗어난 화음」 전문

 "온도 차"는 "재개발 이슈"로 "냉정해진 이웃들"의 갈등과 반목을 제대로 보여주는 시적 통찰력의 결과로 볼 수 있다. 시인은 "북아현/ 조롱목"의 "온도 차"를 소재로 가진 자와 못 가진 자의 반목을 그 어떤 직접적이고 투쟁적 시어보다 적확하게 그려내고 있다. 박희정의 시는 눈앞에 닥친 시대적 현실에 과민하게 반응하기보다 은밀하고 차분한 낮은 목소리로 "엇박자"를 구성하는 "웃음과 한숨"의 상황과 분위기를 더욱 고조시킨다. 자본주의 사회의 이윤 극대화에 대한 욕망과 시기, 질투가 '벗어난 화음'이라는 시적 인식의 끝에서 미학적 결실이 완성된다. 우리가 현대인임을 인정한다는 것은 현대적인 것의 포착과 더불어 현대적인 것의 부정도 포함될 것이다. 도시와 자본주의를 소재로 썼기에 현대적이고 현실 감각적인 시가 된다기보다는 부정과 공감의 상상력을 통해 그것을 관통하면서 예술로 갱신시킬 수 있는 시인만의 고아하고 고유한, 보편성을 담지한 능력이 그러한 시편들을 가능하게 했을 것이다.

6. 코스모스 관계

어빙 고프만은 현대인의 감성이 '표현하는(give)'것에서 '그냥 발하는(give off)'것으로 변화해가고 있다고 말한다. 이는 다양한 사회적 이슈 등으로 사회적 '거리두기'가 체화된 탓도 있고 개인주의 사회의 결과물일 수도 있으며 과학-기술의 발전으로 24시간 소통이 가능하게 되면서 딱히 초점 맞출 일이 없어진 것도 한몫했을 것이다. 혼자 서 있을 경

우를 제외하고 우리 일상의 대부분은 가족, 친구, 직장 동료 등 초점이 맞추어진 '마주침'을 필수로 한다. 짧은 대화나 토론, 일상의 교환은 모두 감정을 '표현하는(give)'일이어서 우리의 일상은 이로써 풍요로워진다. 빈번히 우리는 현대사회를 '불통'의 사회라고 말한다. 그렇다면 소통을 통한 '관계 회복'은 어디서 찾아질까. 먼저 가족에서 찾아질 것이다. 삶은 결코 홀로 벌거숭이로 사는 게 아니라 삶을 함께 채워가는 타자가 있을 때 비로소 삶이라고 정의를 내릴 수 있으니 말이다. 박희정은 교집합의 요소를 상실한 사회에서 공감과 교감, '우리'라는 공동체를 형성할 수 없음을 암시하면서 '너'로 충만해지는 '나'를 다음과 같이 소개한다.

> 어제가 섭섭했거나 오늘이 미미했거나
> 전혀 내색 않고 살아내신 엄마는
> 드맑은 단술의 사랑
> 내리내리 주셨습니다
>
> ―「아득한 꽃길」부분

> 다섯 식구 둘러앉아 마음퍼즐 맞춘다
> 부부끼리 남매끼리 모자지간 부녀지간
> 고화질 줌렌즈 너머로
> 출렁대는 웃음바이러스

결혼이란 끄나풀로 비걱비걱 살아낸
턱없이 줄다리기하며 애오라지 바라보다
서른 해 그쯤에 와서
벅차서 울컥했다

숏shot과 신scene 사이 선택은 탁월했다
이름을 달아주며 의미를 부여하며
앨범에 고스란히 담을
이 순간이 겹고 겹다
  ─「서른 해 그쯤에 와서」 전문

 "어제가 섭섭했거나 오늘이 미미했거나/ 전혀 내색 않고 살아내신 엄마"의 내리사랑을 받은 '나'는 "서른 해 그쯤에 와서" 결혼이란 끄나풀로 살아낸 "줄다리기" 삶을 떠올리며 "벅차서 울컥"한다. "다섯 식구 둘러앉아 마음퍼즐 맞"추다가 사진 속의 "숏shot과 신scene 사이"를 오가며 "이름을 달아주며 의미를 부여"한다. 그리고 "이 순간이 겹고 겹다"고 고백한다. 화자는 "다섯 식구" 한 자리에 "둘러앉아 마음퍼즐"을 맞추는 시간을 가지면서, 초점을 맞추어야 하는 것이 사진만이 아니라는 점을 깨닫는다. 한 자리에 모인 가족들이 서로의 눈을 마주하고 마음을 전한다. 초점을 통해 그들의 시간은 지속적 흐름 속에 놓인다. 시인은 "가족은 삶의 의미인 동시에 의미의 뿌리"(「시조의 들머리, 그 너머를 향해」, 『마냥 붉다』)라고 믿고 있다. 초점을 맞추는 사회의 시작이야말로 공통분모를 쌓아 '우리'라는 사회를 오롯이 형성하게 해줄 것이다.

  결국 박희정은 고아한 시조의 품격을 충실하게 견지하면서 찰나에 마주한 삶과 타자를 곡진하게 담아내는 이중의 특성을 보여준다. 날카로운 현대적 감각을 토대로 현실 의식과 결별하지 않는 미학적 결실을 잘 보여준다. 시의 프리즘을 통해 나타난 현대인의 삶을 면밀히 살펴볼 때, 우리는 결코 홀로 존재할 수 없으며 타자를 통해 '나'가 완성되어 감을 알게 해준다. 시인은 자연에서 타자를, 타자에게서 자연을 발견하는 남다른 사유 방식으로 관계에서 결별하지 않고 결속한다. 그의 화자는 하늘 아래 우뚝 서고 바다 옆에 앉아 있으며 "동백과 유채 사이"(「눈」)에 서 있다. 자연과의 동행에서 자신이 알고자 하는 자연의 내밀한 속성이나 이미지로부터도 결별하지 않고 타자와 동행하며 그들을 닮아간다. 이러한 태도로 인해 그가 포착한 '찰나'에는 모순 대립이 일어나지 않으며, 모든 존재 사이에 어떤 동일성이 만들어진다. 시인은 찰나에 마주한 타자에게서 보편성과 가치를 읽어내는 것이다. 또한 시인은 초점 없는 사회가 법칙과 규정, 보편적 이성으로 해명이 되지만 절대적 교감과 공감에 실패하여 생명성을 탈각시키고 있음을 갈파한다. 박희정의 시조는 그렇게 존재(타자)들과의 관계를 주조(主潮)로 하여 일상세계의 관계 회복이야말로 삶의 내용이며 근원임을 우리로 하여금 깨닫게 하는 것이다.

박희정의 『말랑말랑한 그늘』은, 스물여덟 살 청년 말테의 입을 빌려 독일 시인 릴케가 말한 "나는 보는 법을 배우고 있다."라는 문장을 떠올리게 한다. 우리는 박희정의 시편을 통해 진정한 가치가 먼 곳에서 찾아지는 것이 아님을, 가장 가까이에 있는 존재자들과의 관계 속에서 진정한 '나'가 완성되어 감을 배우게 된다. 자연과 타자와 '동행'하면서 무수히 봐왔던 '너'를 선험적, 사변적 세계가 아닌 경험과 체험의 세계로 들여앉히고 '너'와의 관계를 온축하는 화자의 '보는 법'에서 우리는 다시 한번 진정한 '보는 법'을 배워간다.

45
현대시학 기획시인선

말랑말랑한 그늘

초판 1쇄 발행   2025년 4월 5일

지은이	박희정
발행인	전기화
책임편집	이용헌

발행처	현대시학사
등록일	1969년 1월 21일
등록번호	종로 라 00079호
주소	서울시 서대문구 충정로11길 26, 101호
전화	02.701.2341
블로그	http://blog.daum.net/hdsh69
이메일	hdsh69@daum.net
배포처	(주)명문사 02.319.8663

ISBN   979-11-93615-31-7   03810

○ 책값은 뒤표지에 있습니다.
○ 이 책의 판권은 지은이와 현대시학사에 있습니다.
   이 책 내용의 전부 또는 일부를 재사용하려면 반드시 양측의 서면 동의를 받아야 합니다.
○ 잘못 만들어진 책은 구입하신 서점에서 교환해드립니다.